선조 때에는 동인과 서인으로 갈라져
오랫동안 다툼을 벌였어요.
이때 일본에서는 도요토미 히데요시가
조선을 침략하려고 기회를 엿보고 있었지요.
1592년, 아무런 준비도 하지 않았던 조선은
임진왜란을 겪게 된답니다.
나라가 어려움에 빠지자 백성들은 스스로
의병이 되어 왜적과 싸웠어요.

추천 감수 **박현숙** (고대사)

고려대학교 사범대학 역사교육과를 졸업하고 동 대학원에서 문학박사 학위를 받았습니다. 현재 고려대학교 사범대학 역사교육과 교수로 재직 중이며, 백제 문화와 고대 인물사 등에 대한 활발한 연구를 계속하고 있습니다. 쓴 책으로 〈백제의 중앙과 지방〉, 〈한국사의 재조명〉 등이 있습니다.

추천 감수 **정구복** (고려사·조선사)

서울대학교 사범대학 역사교육과를 졸업하고 서강대학교에서 문학박사 학위를 받았습니다. 한국학중앙연구원 한국학대학원의 교수로 재직 중이며, 한국학중앙연구원 한국학대학원 원장을 역임하였습니다. 쓴 책으로 〈한국인의 역사 의식〉, 〈역주 삼국사기〉, 〈한국 중세 사학사 1, 2〉 등이 있습니다.

추천 감수 **김한종** (근현대사)

서울대학교 사범대학 역사교육과를 졸업하고 동 대학원에서 역사교육을 전공하여 문학박사 학위를 받았습니다. 현재 한국교원대학교 교수로 재직 중입니다. 쓴 책으로 〈역사 교육 과정과 교과서 연구〉, 〈역사 교육의 내용과 방법〉(공저), 〈한·중·일 3국의 근대사 인식과 역사 교육〉(공저), 〈역사 교육과 역사 인식〉(공저) 등이 있습니다.

고증 **문중양** (과학사)

서울대학교 계산통계학과를 졸업하고 동 대학원에서 이학박사 학위를 받았습니다. 쓴 책으로 〈우리 역사 과학 기행〉, 〈우리의 과학문화재〉(공저), 〈세종의 국가 경영〉(공저) 등이 있습니다.

고증 **정연식** (생활사 및 복식)

서울대학교 국사학과를 졸업하고 동 대학원에서 문학박사 학위를 받았습니다. 쓴 책으로 〈조선 시대 사람들은 어떻게 살았을까?〉(공저), 〈일상으로 본 조선 시대 이야기 1, 2〉 등이 있습니다.

글 **박영규**

1996년 밀리언셀러 〈한권으로 읽는 조선왕조실록〉을 출간한 이후 〈한권으로 읽는 고려왕조실록〉, 〈한권으로 읽는 백제왕조실록〉, 〈한권으로 읽는 신라왕조실록〉 등 '한권으로 읽는 역사 시리즈'를 펴내면서 쉽고 재미있는 역사책 읽기의 바람을 일으켰습니다. 그 외에도 〈교양으로 읽는 한국사〉 등의 많은 역사책을 썼습니다.

그림 **정은희**

중앙대학교에서 한국화를 공부하고 한국일러스트레이션학교(HILLS)에서 일러스트레이터 과정을 수료했습니다. 현재 프리랜서 일러스트레이터로 활동하고 있으며, 그린 책으로 〈해와 달이 된 오누이〉, 〈여정〉, 〈색깔 없는 세상은 너무 심심해〉, 〈슬픔아, 안녕?〉 등이 있습니다.

이미지 제공
연합포토, 중앙포토, 국립중앙박물관, 국립부여박물관, 국립경주박물관, 국립민속박물관, 유연태(사진작가), 허용선(사진작가)

광개토 대왕 이야기 한국사 **51** **조선**

조선, 왜적을 물리치다

총기획 및 발행인 박연환
발행처 (주)한국헤르만헤세
출판등록 제17-354호
연구개발원 경기도 성남시 분당구 금곡동 444-148
대표전화 (031)715-7722
팩스 (031)786-1100
본사 서울시 송파구 석촌동 7-3
대표전화 (02)470-7722
팩스 (02)470-8338
고객문의 080-715-7722
편집 임미옥, 백영민, 윤현주, 지수진, 최영란
디자인 장월영, 주문배, 김덕준, 김지은

© Korea Hermannhesse

이 책의 표지는 일반 용지보다 1.5배 이상 고가의 고급 용지인 드라이보드지를 사용해 제작하였습니다. 표지를 드라이보드지로 제작하면 습기의 영향을 덜 받기 때문에 본문 용지가 잘 울지 않고, 모양이 뒤틀리지 않아 책을 오랫동안 보존할 수 있습니다.

이 책은 기존의 석유 잉크 대신 친환경 식물성 원료인 대두유 잉크를 사용하여 인쇄하였습니다. 대두유 잉크는 선진국에서 널리 사용하고 있는 고가의 대체 잉크로, 휘발성이 적어 인쇄 상태의 보존이 용이하고, 인체에 무해할 뿐만 아니라 눈에 부담을 주지 않는 자연스러운 색을 내는 특징이 있습니다.

조선,
왜적을 물리치다

감수 **정구복** | 글 **박영규** | 그림 **정은희**

한국헤르만헤세

백성을 배반한 선조

붕당 정치의 시작

아들이 없었던 명종은 중종의 아들인 덕흥 대원군의 셋째 아들
하성군을 양자로 삼아 왕위에 앉혔어요.
그가 바로 조선의 제14대 왕 선조랍니다.
선조가 왕위에 올랐을 때는 16세의 어린 나이였어요.
명종의 왕비인 인순 왕후 심씨가 어린 왕을 대신해 나랏일을 돌보았지요.
하지만 선조가 영리하여 나랏일을 잘 살피자 인순 왕후는
1568년에 나랏일에서 손을 뗐어요.

선조는 학문에 힘썼으며, 당대 최고의
학자인 이이와 이황을 비롯한 사림을
조정으로 불러들였어요.
덕분에 민심은 안정되고,
조정은 평화로웠지요.
"유능한 사람을 뽑기 위해
현량과를 실시할 것이며,
조광조의 명예를 되찾아
줄 것이다."

사림들은 다시 한 번 나라를 바로 세워 보려는 의욕을 보였지만,
조선의 평화는 오래가지 못했어요.
그것은 사림들이 여러 갈래로 나뉘었기 때문인데,
그 중심에는 김효원이 있었어요.
김효원은 선조가 새로 뽑은 인물로 이조 전랑이 되었어요.
그러자 인순 왕후의 동생 심의겸과 그를 따르는 사람들의
불만이 커졌어요.
"김효원은 윤원형에게 아부를 일삼던 사람이오. 그런 자가 조정의
인사권을 담당하는 이조 전랑 자리에 있을 수는 없는 일이오!"
이에 김효원 역시 심의겸을 헐뜯기 시작했어요.
"외척인 심의겸이 조정의 일에 나서는 것은 옳지 못한 일 아니오?
그는 사림을 이용하여 권력을 손에 쥐려는 것이오!"
결국 심의겸 일파는 김효원에게 이조 전랑 자리를 준 것은
옳지 못하다는 상소를 올렸고,
그로 인해 심의겸과 김효원은 완전히
사이가 벌어지고 말았어요.
"그럼 경들은 누가 이조 전랑을
하면 좋겠소?"
"심충겸이 좋을 듯싶습니다."
그러자 김효원 쪽 사람들이 발끈했어요.

▲ 심의겸이 지은 시

"이조 전랑 자리를 외척이 맡아보는 것은 있을 수 없는
일이옵니다."
결국 심충겸도 이조 전랑 자리에 앉지 못했어요.
이 사건으로 인해 김효원과 심의겸은 더 사이가 나빠졌어요.
김효원 파를 '동인'이라고 부르고 심의겸 파를 '서인'이라고
불렀는데, 이것은 김효원의 집이 서울의 동쪽에 있었고,
심의겸의 집이 서울의 서쪽에 있었기 때문이랍니다.
비록 집의 위치로 동인과 서인으로 나뉘었지만,
학문과 사상도 크게 달랐어요.
동인은 대개 이황과 조식의 제자들로 이뤄진 영남학파였고,
서인은 이이와 성혼 문하들인 기호학파였어요.
이와 같이 뜻이 맞는 사람들끼리 붕당을 이뤄 맞서는
시대가 열린 거예요.
당쟁 초기에는 율곡 이이가 나서서 동인과 서인 양쪽을
찾아다니며 화해를 시켰어요.
"이제 겨우 나라가 안정을 찾고 있소.
힘을 합쳐도 모자랄 판에, 다투어서야 되겠는가.
우리 마음을 합하여 폐하께 충성하세."
이이의 노력으로 동인과 서인은 어렵게 화해를 했고,
덕분에 조정은 한동안 잠잠했어요.

1584년, 이이가 갑자기 세상을 떠나자 조정은 다시

둘로 갈라져 치열한 다툼을 벌였어요.

그즈음 섬나라 일본에서는 전쟁 준비가 한창이었어요.

당시 일본은 도요토미 히데요시가 일본을 통일했어요.

그러나 군벌들이 호시탐탐 그의 자리를 노리고 있었지요.

'전쟁을 일으켜 군벌 세력의 힘을 밖으로 쏠리게 해야겠어.'

도요토미는 '대륙 정벌'이라는 방법을 택했어요.

그러려면 먼저 조선을 차지해야 했지요.

도요토미는 1589년에 쓰시마 도주를 조선에 사신으로 보내

수호 조약을 맺자고 제의했어요.

"도요토미 장군은 조선과 힘을 합쳐 명나라를 공격하길 원합니다.

그것이 어렵다면 통신사라도 보내 주십시오."

"통신사? 이 문제는 조정에서 논의해 보겠소."

이 문제를 놓고 선조는 조정 대신들과 의논을 했어요.

"일본이 갑자기 통신사를 보내 달라는 이유가 무엇이겠소?"

"일본이 국교를 다시 맺자는 뜻이 아니겠사옵니까?

중종 때 삼포 왜란이 일어나 일본과는 국교를 끊었던 것이옵니다."

"폐하, 저들은 조선의 힘을 빌어 명나라를 치자는 것인데,

이는 대국에 대한 반역이옵니다.

통신사를 허락해서는 아니 되옵니다."

"도요토미 히데요시가 혼란을 막고 일본을 통일했다고 하옵니다.
그 군사력이 막강하다 하오니 통신사를 보내 상황을 알아보는 것이
좋을 듯하옵니다."
의논 끝에 조선에서는 일본에 통신사를 보내기로 결정했어요.
1590년 3월, 일본으로 떠난 통신사들은 수도 교토에서
일본의 상황을 잘 살핀 뒤 이듬해 3월 다시 조선으로 돌아왔어요.
그런데 일본에 다녀온 통신사 일행의 보고 내용은 크게 달랐어요.
먼저 통신 정사 황윤길이 말했어요.
"일본은 반드시 우리 조선을 공격할 것이니 대비해야 하옵니다."
반면에 통신 부사 김성일은 전혀 다른 의견을 내놓았어요.
"도요토미 히데요시는 인물이 볼품없고, 학식도 없사옵니다.
그런 자는 감히 다른 나라를 칠 만한 그릇이 못 되옵니다."

▲ 일본에 파견된 조선 통신사의 행차 그림

통신사의 서로 다른 보고에 선조와 조정 대신들은
어찌할 바를 몰랐어요.
조정 대신들의 의견이 엇갈리자 선조가 말했어요.
"지금 전쟁이 난다는 소문이 돌면 백성들이 크게 불안해하고
나라가 어지러워질 것이니, 일단 전쟁이 일어나지 않는다고 말하여
백성을 안심시키는 것이 좋겠소."
당시 조선에서는 곳곳에 성곽을 새로 쌓아 일본의 침입에 대비하고
있었는데 선조의 말 한마디에 모두 중단되었어요.
그런데 동래부에 머물고 있던 일본인들이 부산포 왜관으로
몰려들었어요.
전쟁이 일어날 것을 눈치채고 일본으로 돌아가기 위해서였지요.
그제야 조선 조정도 왜군이 쳐들어올 것을 믿게 되었고,
부랴부랴 전쟁 준비를 시작했어요.

▲ 임진왜란을 일으킨 도요토미 히데요시

임진왜란

1592년 4월 13일 오후, 일본은 병력 20만을 동원하여
조선을 공격해 왔어요.

당시 조선의 정예 병력은 고작 5만 정도였어요.

더구나 조선은 개국 이래 200년 동안 한 번도 전쟁을
치르지 않아 싸울 줄도 몰랐고, 무기도 녹슨 상태였어요.

그에 비해 왜군은 100여 년 동안 내란을 치렀고,
서양에서 들여온 조총까지 가지고 있었어요.

왜군은 상륙한 지 하루도 안 되어 부산진성을 함락시키고,
이어 동래성을 무너뜨렸어요.

이렇게 밀고 올라온 왜군은 불과 13일 만에
충주까지 손에 넣고 말았어요.

그러자 조선 조정에서는 용장 신립을 내세워
맞서 싸우게 했어요.

신립은 훌륭한 장수였지만 병력 수가 훨씬 많고,
신무기로 무장한 일본 군대를 당해 낼 수 없었어요.

신립은 탄금대에서 고니시 유키나가의 군대에 패배하여
목숨을 잃고 말았어요.

그리고 5월 2일, 가토 기요마사가 이끄는 왜군은 한강을
건너 마침내 조선의 도읍인 한양을 손에 넣었어요.

왜군이 정신없이 몰아치자 선조와 신하들은 도망치기 바빴어요.
선조는 백성들에게 알리지도 않고 신하들과 함께 몰래
임진강을 건너 달아났어요.
선조는 혹시나 왜군이 뒤따라올까 봐
임진강에 있는 모든 배를 불태워 버리라고 명령했어요.
임진강 건너편에서는 강을 건너지 못한 피난민들이
백성을 버리고 달아난 왕에게 원망과 욕설을 퍼부었어요.
"어찌 왕이 백성을 버리고 달아날 수 있단 말인가!
이제 우리에게는 왕이 없다!"
선조는 평양성에 머물다가 다시 의주로 달아났어요.

여차하면 명나라로 몸을 피할 작정이었어요.

"어허, 어쩌다 이런 꼴이 되었는고.

내 진작에 일본의 침입에 준비했더라면

이런 일을 당하지 않았을 텐데……."

그때 승지가 뛰어와 평양성이 적에게 넘어갔다고 전해 주었어요.

"평양성이? 그렇다면 세, 세자는 어떻게 되었느냐?"

"세자 광해군께서는 무사히 빠져나와 군대를 이끌고

이곳으로 오고 있다고 하옵니다."

선조가 불안하고 조마조마한 마음으로 지내고 있을 때,
한 가닥 희망을 알리는 기쁜 소식이 전해졌어요.
그것은 전라좌도 수군절도사 이순신이 연이어 왜선을
무찔렀다는 소식이었어요.
이순신은 5월 7일에 옥포에서 왜선 30척을 무찔렀고,
합포에서 왜선 5척을 바다에 가라앉혔어요.
이 소식을 들은 선조는 죽다가 살아난 듯이 기뻐했어요.
"도대체 이순신이 누군가? 우리 조선에
그런 사람이 있다니 참으로 하늘이 도우셨도다."
임진왜란이 일어났을 당시 이순신의 나이는 48세로
1591년부터 전라도의 수군을 책임지고 있었지요.

▲ 이순신 장군 초상화

이순신 장군의 승전 소식이 나라의 희망이 되었구나.

이순신 장군은 왜군이 쳐들어올 것을 미리 알고 있었대.

이순신은 왜군이 쳐들어올 것을 미리 내다보고 있었어요.

그는 수군절도사를 맡은 뒤부터 꾸준히 군비를 늘리는 한편,

군대를 빈틈없이 훈련시켰어요.

이순신은 경상우도 수군절도사를 맡고 있던 원균으로부터

왜군의 침입 소식을 들었어요.

"왜군이 쳐들어왔소이다. 우리 군대와 배들은 거의 놈들에게 당했소."

"경상좌도 수군절도사 박홍 장군은 어찌 되었소?"

"그쪽도 마찬가지일 거요. 어서 함선을 동원하여 저들과 싸웁시다."

하지만 이순신은 섣불리 행동하지 않았어요.

"저들은 이곳 지리에 익숙하지 못합니다. 조금만 기다리면 스스로

이곳으로 밀려들 것이오. 그때 공격하는 것이 가장 좋은 방법이오."

▲ 한산도 대첩을 그린 민족 기록화

이순신은 수차례에 걸쳐 대책 회의를 했고,

마침내 5월 4일 새벽에 한산도에서 원균을 만났어요.

이순신은 한산도에 85척의 함선을 이끌고 나갔는데,

원균은 고작 전선 3척과 협선 2척이 전부였어요.

이순신 함대는 옥포에서 첫 승리를 거둔 뒤 사천과 당항포,

한산도 앞바다 등 여러 곳에서 승리를 거두었어요.

"왜의 배는 우리보다 느리고, 왜의 포는 우리보다 멀리 가지 못한다.

겁먹지 않고 싸우면 우리가 무조건 이길 것이다."

이순신 함대의 상징은 거북선이었는데, 왜군은 거북선 머리만 보여도

겁을 먹을 정도였다고 해요.

그 무렵, 선조에게 또 하나의 기쁜 소식이

전해졌어요.

▲ 이순신 장군이 사용했던 칼

"폐하, 의병이 일어나 왜군을 물리치고 있다고 하옵니다.
함경도에서는 정문부가 의병을 이끌고 있고, 평안도에선
승려 휴정(서산 대사)이 승병을 이끌고 왜군을 치고 있다고 하옵니다."
"호남에서는 김천일과 고경명이 의병을 일으켰고, 경상우도엔
곽재우와 정인홍이 의병을 일으켜 왜군과 싸우고 있다고 합니다."
선조는 한편으로 애타게 명나라의 도움을 기다리고 있었어요.
"명나라에서 원군이 온다는 소식은 어찌 되었느냐?"
"폐하, 명나라 병력 5만이 이미 연경(지금의 베이징)을 떠나
이곳으로 오고 있다고 하옵니다."
"오, 역시 명나라는 우리를 버리지 않는구나."

▲ 곽재우의 전투 장면을 그린 민족 기록화

쾅!

선조는 명나라 군대를 더 믿고 있었지만,

조선 땅은 조선 백성들이 지키고 있었어요.

전국 각지에서 의병이 일어나 왜군에 맞서 싸우자

왜군은 서서히 기세가 꺾였지요.

더구나 일본 해군이 이순신에게 막혀 더 이상 나아가지 못하자,

왜군의 전력은 빠르게 약해졌어요.

전국에서 일어난 의병은 승리를 거듭했어요.
특히 의령에서 일어난 곽재우의 의병은 그해 7월
의령 정암진에서 왜군과 큰 싸움을 벌여 승리를 거뒀어요.
그 뒤 현풍과 영산에서도 큰 승리를 거두었어요.
호남에서 의병을 이끌던 고경명이 세상을 떠나자
곽재우는 그의 몫까지 승리하리라고 다짐했어요.
당시 왜군은 이순신 때문에 전라도로 가는 길이 막히자,
경상도로 들어가 이순신의 뒤를 치려는 계획을 세웠어요.

한 놈도
살려 두지
마라!

우리가 왜군을
몰아내자!

하지만 곽재우가 그 길을 막고 있어 뜻을 이룰 수 없었지요.
또 왜군은 전라도를 차지하려는 계획을 세웠지만
그곳에는 권율 장군이 있었어요.
광주 목사로 있던 권율은 남원에서 1,000여 명의 의병을 모아
전주로 들어오던 왜군과 싸우고 있었어요.
권율은 동북 현감 황진과 함께 충청남도 금산 서평의 이치에서
왜군에 맞서 싸워 승리를 거두었어요.
그 결과 권율 밑으로 1만여 명의 의병이 모여들었고,
권율은 그들을 이끌고 도성을 되찾기 위해 북쪽으로 올라갔어요.

한편, 청주에서는 승려 영규가, 경주 노곡에서는 김호가 왜군을
무찔렀고, 그해 10월에는 김시민이 진주에서 왜군을 크게 이겼어요.
그러나 조헌과 영규의 의병은 금산에서 힘을 합쳐 왜군과 싸우다가
조헌과 의병 700여 명이 전사하는 일이 벌어지기도 했어요.
조선군의 반격으로 왜군이 주춤하는 사이 1593년 새해가 밝았어요.
명나라 장수 이여송이 군사 4만 3,000여 명의 2차 원정대를
이끌고 와 조선에 기쁜 소식을 전해 주었어요. 덩달아 군사들의
사기도 올라갔지요.

당시 조선은 휴정의 지휘 아래에
있던 승병들이 평양성을 되찾기
위해 준비하고 있었어요.
하지만 일본과 화해를 하려고 떠난

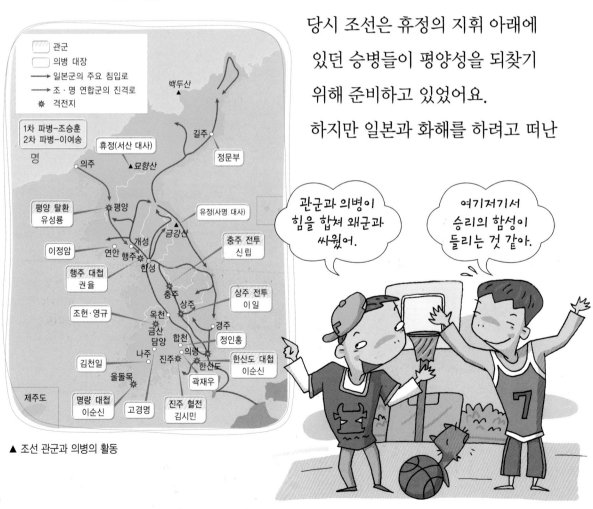

▲ 조선 관군과 의병의 활동

관군과 의병이
힘을 합쳐 왜군과
싸웠어.

여기저기서
승리의 함성이
들리는 것 같아.

신하들이 돌아오지 않아서 실천에 옮기지 못하고 있었어요.

"이제, 평양성을 되찾는 것은 시간 문제다. 명군과 관군, 그리고
우리 승병이 힘을 합치면 왜놈들을 물리칠 수 있을 것이다."

휴정의 말대로 이들이 힘을 모아 공격을 퍼붓자,

왜장 고니시 유키나가는 부하들을 이끌고 달아났어요.

그 여세를 몰아 조선과 명나라의 연합군은 개성으로 나아갔어요.

이여송은 달아나는 왜장을 보고 그 뒤를 쫓다가 한양으로 들어가는

벽제관 어귀에 숨어 있던 왜군과 맞닥뜨렸어요.

결국 명군은 크게 패하고 더 이상 남쪽으로 내려가지 못했어요.

조선 장수들은 조바심이 났어요.

"이여송 장군이 패한 것은 조선의 지리를 잘 몰랐기 때문입니다.

우리 조선군과 함께 가면 반드시 이길 것입니다."

"왜군을 얕봐서는 안 되오. 임진강 이남으로 넘어가지 마시오."

이 말을 남긴 뒤 이여송은 군사를 이끌고 평양으로 돌아갔어요.

명나라군이
함부로 날뛴다
했더니….

자신 없으니까
금세 꼬리를
내리네.

그 무렵 북쪽 지역의 왜군은 서둘러 한양으로 물러갔어요.

한동안 밀고 밀리는 싸움이 계속되었어요.

그때 전라 감사가 된 권율이 의병을 이끌고 올라와

왜군이 지나갈 길목으로 예상되는 행주산성에 진을 쳤어요.

권율의 생각대로 도성에 있던 왜군이 행주산성을 공격하기 시작했어요.

"우리만이 나라를 구할 수 있다.
여기가 무너지면 희망이 없다! 힘내자!"

권율의 외침에 병사들은 무서운 기세로 올라오는 왜군과 싸웠어요.

아낙들은 행주치마에 돌을 담아 나르고, 아이들까지 돌을 던졌어요.

결국 이 전쟁은 권율의 승리로 끝났어요.

이 싸움이 바로 행주 대첩으로, 이순신의 한산도 대첩, 김시민의

진주 혈전과 더불어 임진왜란의 3대 대첩 가운데 하나가 되었어요.

▲ 신기전기화차

중·소 신기전의 대량 발사 장치인 신기전기를 설치한 화차야.

신기전은 지금의 로켓 같은 무기야.

경상도 해안 지역으로 물러간 왜군은 거제도에서 울산까지 길게 진을
치고는 조선과 명나라의 연합군과 화의를 진행했어요.
하지만 도요토미 히데요시의 무리한 요구로 순조롭지 않았어요.

첫째, 명나라 황녀를 일본의 후비로 보낼 것
둘째, 일본과 조선, 명나라 사이의 무역을 다시 할 것
셋째, 조선 8도 중에서 4도를 일본에 줄 것
넷째, 조선의 왕자 및 대신 12명을 볼모로 일본에 보낼 것

그런데 화의를 진행하던 명나라 관리 심유경이 일본을 적당히 속이면서
명나라 황제에게 거짓 보고를 하여 마무리를 지으려고 했어요.
"폐하, 저들의 조공을 허락하고 도요토미를 일본의 국왕으로
책봉하소서. 그러면 문제가 해결될 것입니다."
명나라 황제는 심유경의 말에
따랐어요.
이에 화가 난 도요토미는
1597년에 다시 조선에
쳐들어왔어요.
이것이 바로 '정유재란'이에요.

심유경이라는
관리의 얕은 생각
때문에….

결국 한 사람
때문에 많은 사람이
죽어야 했어….

당시 조선 해군의 영웅 이순신은 모함을 받아 옥에 갇혔다가
풀려나 벼슬도 없이 싸움터에 있었어요.
이순신이 없는 사이 원균이 삼도 수군통제사가 되었는데,
왜군은 이순신에 비해 원균을 보잘것없는 장수라고 여겼어요.
왜군의 판단대로 원균은 전투 계획을 잘못 짜는 바람에
대부분의 군사를 잃고 자신도 전사하고 말았어요.
다급해진 선조는 이순신을 다시 삼도 수군통제사로 임명했어요.
이순신은 돌아왔지만 남아 있는 병력은 120명뿐이었고,
함대는 고작 12척이었어요.
"싸움은 병력으로 하는 것이 아니라 지략과 전술로 하는 것이다.
이길 수 있다는 마음만 있으면 이기지 못할 싸움이 없다. 힘을 내자!"
이순신은 명량에서 함선 12척으로 적선 133척과 맞서 싸워
31척을 무찌르는 큰 승리를 거두었어요.
조선군은 몇 명만 부상당했을 뿐이었지요.
그때 마침 도요토미가 죽었다는 소식이 전해졌어요.
1598년 11월 19일, 전세가 불리해진 왜군 함대가 철수하기 위해
노량에 모인 것을 이순신이 크게 물리쳤어요.
이것이 바로 '노량 해전'이랍니다.
하지만 이때 수군을 지휘하던 이순신이 적이 쏜 탄환에 맞아
숨을 거두는 일이 벌어졌어요.

조카 이완이 이순신을 대신하여 군사들을 이끌었고,
그 결과 적선 200여 척이 바다 속으로 가라앉았어요.
7년 동안 이어진 전쟁으로 조선 땅은 황폐해졌으며,
백성들은 힘겹게 살아가야 했어요.
전쟁이 끝난 뒤, 선조는 10년을 더 왕위에 있다가 1608년 2월에
57세의 나이로 세상을 떠났답니다.

장군님,
장군님!

내 죽음을
알리지 마라!

조선 성리학의 기둥, 율곡 이이

이이는 이원수와 신사임당의 셋째 아들로, 1536년 강릉에서 태어났어요.

어릴 때부터 신동으로 이름이 높았던 이이는 13세에 진사시에 합격한 뒤

23세에 과거 시험에서 장원으로 합격했어요.

그가 처음 벼슬길에 올랐을 때는 선조가 막 임금이 되었을 때예요.

능력 있는 사림들이 조정의 중심으로 들어왔지만,

예전부터 있어 온 문제점들이 모두 해결되지는 않았어요.

더구나 사림이 동인과 서인으로 나뉘자 선비들은 정치 싸움에

휘말리게 되었어요.

이이는 당파에 상관없이 어떻게든 싸움을 멈추게 하려고 했어요.

두 세력 사이를 오가며 부지런히 화해를 시키려고 한 덕분에

이이가 살아 있는 동안에는 잠시나마 사림들의 다툼이 가라앉았지요.

이이는 정치의 중심에 서 있으면서도 학문에 소홀하지 않았어요.

그는 '이(理)'를 중시하는 이황과 '기(氣)'를 중시하는

서경덕의 이론을 종합하려고 노력했어요.

이이의 학문에는 사람을 중시하는 가치관이 중심이 되었어요.

"가치관이란 나라를 평안하게 하고, 백성들에게 이로워야 좋은 것이다.

아무리 논리가 정연한 학문이라도 나라와 백성에게 이롭지 못하면

쓸모가 없다."

이러한 그의 학문적 가치관은 조선의 사상에 큰 영향을 끼쳤어요.

이이는 정치와 학문 분야에 많은 업적을 남겼어요.
하지만 안타깝게도 1584년, 49세의 나이로 세상을
떠났어요.
그의 죽음으로 동인과 서인의 관계는 점점 멀어졌고,
십만 양병설도 실행에 옮기지 못했어요.

모든 학문은
나라와 백성에
이로워야 해.

승리한 전쟁, 임진왜란

1592년 4월, 일본은 조선을 침략하여 조선 땅을 순식간에 전쟁의 소용돌이에 빠뜨렸어요. 아무 준비 없이 일본의 침입을 당한 조선은 60일 만에 평양까지 빼앗겼지요. 하지만 이순신 장군이 이끄는 수군과 의병의 활약으로 전세를 뒤집고 일본을 물리쳤어요.

❀ 조선의 바다를 지킨 전설적인 돌격선, 거북선

이순신 장군은 큰 전쟁이 일어날 것을 내다보고 거북선을 만들었어요. 판옥선에 거북 등 모양의 덮개를 씌워 만들었지요. 왜구들이 배에 뛰어올라 싸움을 벌였기에 갑판을 높고 크게 2층으로 만들어 왜구들이 함부로 뛰어오르지 못하도록 했어요. 거북선은 임진왜란 당시 3척이 활약했대요. 거북선은 적진 한가운데로 곧장 나아가 화포를 쏘아 적의 대열을 흐트러뜨렸어요. 거북선의 공격을 받은 일본 배들이 우왕좌왕하기 시작하면 판옥선이 뒤이어 집중 공격을 퍼부어 일본 배들을 부수었답니다.

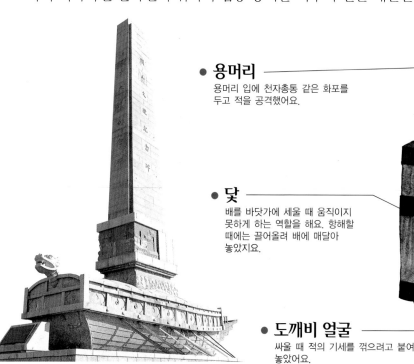

● 용머리
용머리 입에 천자총통 같은 화포를 두고 적을 공격했어요.

● 닻
배를 바닷가에 세울 때 움직이지 못하게 하는 역할을 해요. 항해할 때에는 끌어올려 배에 매달아 놓았지요.

● 도깨비 얼굴
싸울 때 적의 기세를 꺾으려고 붙여 놓았어요.

▲ 한산도 대첩 기념비

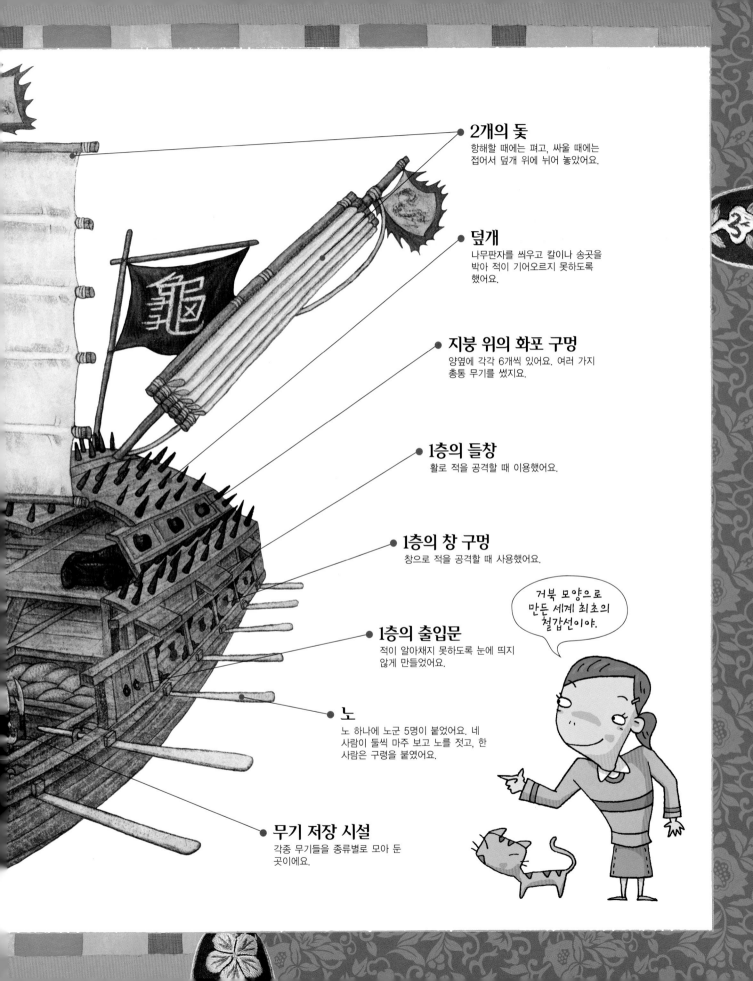

2개의 돛
항해할 때에는 펴고, 싸울 때에는 접어서 덮개 위에 뉘어 놓았어요.

덮개
나무판자를 씌우고 칼이나 송곳을 박아 적이 기어오르지 못하도록 했어요.

지붕 위의 화포 구멍
양옆에 각각 6개씩 있어요. 여러 가지 총통 무기를 썼지요.

1층의 들창
활로 적을 공격할 때 이용했어요.

1층의 창 구멍
창으로 적을 공격할 때 사용했어요.

1층의 출입문
적이 알아채지 못하도록 눈에 띄지 않게 만들었어요.

노
노 하나에 노군 5명이 붙었어요. 네 사람이 둘씩 마주 보고 노를 젓고, 한 사람은 구령을 붙였어요.

무기 저장 시설
각종 무기들을 종류별로 모아 둔 곳이에요.

거북 모양으로 만든 세계 최초의 철갑선이야.

이순신 무적함대의 비밀

1592년 7월에 이순신 장군은 견내량(통영)에 머물고 있던 수많은 왜군의 배들을 한산도 앞바다로 끌어내 공격하여 대승을 거두었어요. 이를 '한산도 대첩'이라고 하지요. 그 뒤로 왜군은 이순신 함대만 만나면 도망치기에 바빴어요. 대체 이순신 함대의 비밀은 무엇일까요?

❀ 우리 바다와 배에 맞는 싸움법을 쓰다

이순신 함대는 이동할 때 화살촉 모양으로 진을 펴는 '첨자진'을 썼어요. 좁은 바다에서 적을 막을 때는 '일자진'을 썼지요. 명량 대첩 때 일자진을 썼어요.

한산도 대첩 때 쓴 '학익진'은 학이 날개를 펼친 모양으로 진을 짜는 싸움법이에요. 우리 배만이 쓸 수 있었어요.

일본 배는 밑이 브이(V)자 모양으로 좁고 뾰족하여 급히 방향을 바꾸면 쉽게 뒤집혔어요. 하지만 우리 배는 밑이 유(U)자 모양으로 넓고 평평하여 빠르고 안전하게 방향을 바꿀 수 있었지요. 그래서 앞서 나아가던 배들이 갑자기 돌아서서 적을 에워싸고 집중 공격을 퍼부을 수 있었답니다.

판옥선은 바닥이 넓고 평평해서 빠르 방향을 바꾸어 적을 공격할 수 있었지

▲ 조선 수군의 판옥선　　▲ 왜선

천자총통은 거북선에도 실어 왜선에 큰 피해를 준 화포야.

▲ 천자총통(위)과 지자총통(아래)

❀ 막강한 화포를 사용했어요!

일본 수군은 주로 적의 배에 가까이 다가가 조총을 쏘거나 배에 뛰어올라 칼로 적을 쓰러뜨리는 싸움법을 썼어요. 하지만 이순신 함대와 싸울 때는 이 방법이 통하지 않았어요. 일본 배가 다가오기도 전에 우리 배에서 쏜 화포가 일본 배를 박살 냈기 때문이지요. 조선의 화포는 먼 거리에서도 적을 쉽게 공격할 수 있었답니다. 당시 조선 배에는 여러 가지 총통과 대완구, 중완구 같은 화포를 실었는데, 이러한 화포로 왜군을 크게 무찔렀어요.

우리나라 역사 · **세계 역사**

1560

1569 ← 메르카토르, 세계 지도 완성

1571 ← 레판토 해전

도산 서원 설립 → 1574

사림, 동인과 서인으로 나뉨 → 1575

이이, 〈격몽요결〉 펴냄 → 1577

한산도 대첩

이순신이 지휘하는 수군이 한산도 앞 바다에서 일본 해군을 크게 무찌른 전투예요.

학이 날개를 편 모양으로 함대를 배치하는 진법을 썼어.

1580

1588 ← 영국, 스페인 무적함대 무찌름

1590 ← 도요토미, 일본 통일

임진왜란 일어남 → 1592
이순신, 한산도 대첩 승리

행주 대첩 → 1593

이순신, 노량 해전 승리 → 1598 ← 낭트 칙령 발표

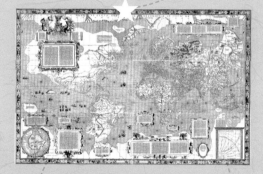

세계 지도

메르카토르가 만든 세계 지도는 위선과 경선이 직선으로 그려져 있어, 어떤 지점에서든지 정확한 위도와 경도의 비율을 알 수 있어요.

메르카토르 도법으로 만들어진 최초의 지도야. 이후 항해 지도의 표준이 되었지.

공명첩 발급 → 1600 ← 영국, 동인도 회사 세움

1602 ← 네덜란드, 동인도 회사 세움

1603 ← 일본, 에도 막부 세움

역대 실록 다시 펴냄 → 1606

조선 통신사, 일본에 보냄 → 1607

▲ 백지 임명장인 공명첩

▲ 도요토미 히데요시